中国城市客运发展报告简明手册

(2017)

中华人民共和国交通运输部　编

U0649775

人民交通出版社股份有限公司

China Communications Press Co.,Ltd.

图书在版编目 (CIP) 数据

中国城市客运发展报告简明手册 . 2017 / 中华人民共和国交通运输部编 . —北京：人民交通出版社股份有限公司 , 2018.8

ISBN 978-7-114-14768-5

Ⅰ . ①中… Ⅱ . ①中… Ⅲ . ①城市运输—旅客运输—研究报告—中国— 2017 Ⅳ . ① F572.8

中国版本图书馆 CIP 数据核字 (2018) 第 121389 号

Zhongguo Chengshi Keyun Fazhan Baogao Jianming Shouce (2017)

书　名：	中国城市客运发展报告简明手册（2017）
著 作 者：	中华人民共和国交通运输部
责任编辑：	姚　旭
责任校对：	孙国靖
责任印制：	张　凯
出版发行：	人民交通出版社股份有限公司
地　　址：	(100011)北京市朝阳区安定门外外馆斜街3号
网　　址：	http://www.ccpress.com.cn
销售电话：	(010)59757973
总 经 销：	人民交通出版社股份有限公司发行部
经　　销：	各地新华书店
印　　刷：	北京市密东印刷有限公司
开　　本：	880×1230　1/64
印　　张：	0.5625
字　　数：	12千
版　　次：	2018年8月　第1版
印　　次：	2018年8月　第1次印刷
书　　号：	ISBN 978-7-114-14768-5
定　　价：	10.00元

（有印刷、装订质量问题的图书由本公司负责调换）

说　　明

一、本手册由交通运输部运输服务司、交通运输部科学研究院组织编写。交通运输部科学研究院城市交通与轨道交通研究中心承担具体的编写工作。

二、本手册包括全国公共汽电车、城市轨道交通、巡游出租汽车、汽车租赁等城市客运主要统计数据，数据来源为《城市（县城）客运统计资料》《道路运输统计年报资料汇编》等。

三、本手册中指标均不包括香港特别行政区、澳门特别行政区和台湾省的数据，表格中符号"—"表示该项数据为零，或没有该项数据，或该项数据不详。

四、本手册中部分数据的合计数和相对数由于单位取舍不同而产生的计算误差未作调整。

目　　录

综　　述

城市客运系统[1]包括城市公共汽电车、城市轨道交通、出租汽车（含巡游出租汽车和网络预约出租汽车）、汽车租赁、互联网租赁自行车、城市客运轮渡等。截至2017年底，全国城市客运系统基本情况如下：

城市公共汽电车运营车辆65.12万辆（折合73.93万标台），其中新能源车辆25.72万辆；运营线路5.68万条，运营线路长度106.94万公里；经营业户3956户，其中个体经营业户235户；运营里程355.20亿公里。

全国有34个城市开通了城市轨道交通运营线路，其中2017年有4个城市新开通城市轨道交通运营线路；运营车辆2.87万辆；运营线路153条，运营线路长度4583.2公里；车站数3047个，其中换乘站272个；经营业户49户；

[1] 网络预约出租汽车、互联网租赁自行车暂未纳入统计，汽车租赁业务在部分省市未纳入交通运输主管部门管理。

运营里程 5.13 亿列公里。

巡游出租汽车 139.58 万辆，其中新能源车辆 2.65 万辆；经营业户 13.38 万户，其中个体经营业户 12.52 万户；运营里程 1590.86 亿公里，里程利用率 66.0%。

纳入统计的汽车租赁车辆 20.15 万辆，其中 9 座及以下客车 19.66 万辆；经营业户 6664 户，从业人员 6.90 万人。

全年完成城市客运量 1273.40 亿人次，其中城市公共汽电车、城市轨道交通、巡游出租汽车分别完成 722.87 亿人次、184.30 亿人次、365.40 亿人次，占比分别为 56.8%、14.5%、28.7%。

一、城市公共汽电车

（一）行业概况

截至 2017 年底，全国拥有城市公共汽电车 65.12 万辆（折合 73.93 万标台），比 2016 年增加 4.26 万辆，同比增长 7.0%。其中，新能源车辆 25.72 万辆，占比 39.5%，比 2016 年增加 9.26 万辆，同比增长 56.2%；BRT 车辆 8802 辆，占比 1.4%。

全国拥有城市公共汽电车运营线路 56786 条，比 2016 年增加 3997 条，同比增长 7.6%。运营线路长度 106.94 万公里，比 2016 年增加 8.82 万公里，同比增长 9.0%。公交专用车道长度 10914.5 公里，比 2016 年增加 1136.7 公里，同比增长 11.6%。无轨电车线路长度 1015 公里。全国共有 32 个城市开通 BRT 线路，线路长度 3424.5 公里。

全国拥有城市公共汽电车经营业户 3965

户，其中个体经营业户 235 户。

全年完成城市公共汽电车客运量 722.87 亿人次，占城市客运量 56.8%，比 2016 年减少 22.48 亿人次，同比减少 3.0%。IC 卡刷卡量 349.32 亿人次。BRT 客运量 21.96 亿人次，占城市公共汽电车客运量的 3.0%，同比增长 24.4%。

全年完成城市公共汽电车运营里程 355.20 亿公里，比 2016 年减少 3.12 亿公里，同比减少 0.9%。

（二）2010—2017 年全国城市公共汽电车基础数据

2010—2017 年全国城市公共汽电车基础数据见表 1。

（三）2017 年全国各省（自治区、直辖市）城市公共汽电车主要统计数据

2017 年全国各省（自治区、直辖市）城市公共汽电车主要统计数据见表 2。

项 目	年		
	2010	2011	2012
运营车辆数（万辆）	42.05	45.33	47.49
新能源车辆数（万辆）	0.29	0.78	1.34
BRT车辆数（辆）	2943	3265	3975
运营线路条数（条）	33672	35884	38243
运营线路长度（万公里）	63.37	67.29	71.46
BRT线路长度（公里）	514.0	988.0	1383.0
公交专用道长度（公里）	3726.0	4425.6	5255.8
经营业户数（户）	3275	3325	3312
个体经营户数（户）	—	—	—
从业人员数（万人）	121.42	122.65	125.63
客运量（亿人次）	670.12	715.79	749.80
IC卡刷卡量（亿人次）	235.81	264.06	299.25
BRT客运量（亿人次）	—	—	—
运营里程（亿公里）	317.86	331.73	346.82

注：（1）2010—2014 年全国城市公共汽电车个体经营户数未统计。

（2）2010—2012 年全国 BRT 客运量未统计。

（3）2017 年全国城市公共汽电车从业人员数未统计。

公共汽电车基础数据　　　　　　　　　表 1

份				
2013	2014	2015	2016	2017
50.96	52.88	56.18	60.86	65.12
2.22	3.66	8.67	16.46	25.72
4484	5339	6163	7689	8802
41738	45052	48905	52789	56786
74.89	81.78	89.43	98.12	106.94
2753.0	2790.0	3081.0	3433.5	3424.5
5890.6	6897.3	8569.1	9777.8	10914.5
3416	3665	3844	3887	3965
—	—	213	263	235
132.22	127.98	133.23	135.26	—
771.17	781.88	765.40	745.35	722.87
317.27	340.43	343.18	351.03	349.32
10.96	14.76	14.32	17.65	21.96
348.96	346.69	352.33	358.32	355.20

2017 年全国各省（自治区、直辖市）

地区	运营车辆数（万辆）	新能源车辆数（万辆）	BRT车辆数（辆）	运营线路条数（条）	运营线路长度（万公里）	BRT线路长度（公里）
合计	65.12	25.72	8802	56786	106.94	3425
北京	2.56	0.46	416	886	1.93	102
天津	1.27	0.40	—	791	1.89	0
河北	3.23	1.58	—	2672	5.85	0
山西	1.43	0.74	—	1558	2.97	0
内蒙古	1.16	0.24	26	1251	3.07	130
辽宁	2.43	0.84	62	2008	3.47	14
吉林	1.24	0.25	—	1126	1.74	0
黑龙江	2.02	0.53	—	1594	2.91	0
上海	1.75	0.70	—	1496	2.42	0
江苏	4.49	1.94	963	4048	7.47	651
浙江	3.90	1.21	779	5268	9.20	353
安徽	2.24	0.91	1158	1753	3.15	102
福建	1.98	0.91	318	1781	3.12	60
江西	1.27	0.51	—	1454	2.99	0
山东	6.24	3.49	444	5181	13.09	475

城市公共汽电车主要统计数据　　　　表2

公交专用道长度（公里）	经营业户数（户）	客运量（亿人次）	BRT客运量（亿人次）	运营里程（亿公里）
10914.5	3965	722.87	21.96	355.20
907	2	33.56	0.47	13.24
65	12	13.81	—	4.65
159.6	198	20.16	—	13.16
329.4	140	15.80	—	6.41
294.8	209	12.79	0.004	6.69
988	123	39.77	0.18	13.48
193.8	124	17.71	—	7.60
117	257	26.65	—	13.02
350	29	22.01	—	10.52
1146.8	96	46.78	1.68	25.73
777.1	155	38.38	1.15	23.05
249	121	20.73	1.19	10.86
212.8	102	22.75	1.09	10.93
61.3	126	13.03	—	8.15
1117.3	294	41.93	0.68	28.10

地区	运营车辆数（万辆）			运营线路条数（条）	运营线路长度（万公里）	
		新能源车辆数（万辆）	BRT车辆数（辆）			BRT线路长度（公里）
河南	3.09	2.02	1822	1769	2.86	121
湖北	2.29	0.59	260	1650	2.69	38
湖南	2.71	1.74	172	1860	2.92	55
广东	6.58	3.49	1147	5467	10.59	789
广西	1.46	0.49	187	1732	3.03	192
海南	0.42	0.20	—	391	0.75	0
重庆	1.37	0.34	—	1254	1.83	0
四川	3.16	0.44	295	2996	4.47	60
贵州	0.96	0.22	44	1055	1.63	77
云南	1.57	0.44	—	2175	4.62	0
西藏	0.07	0.02	—	90	0.16	0
陕西	1.47	0.46	—	1039	1.84	0
甘肃	0.83	0.21	70	717	1.14	9
青海	0.40	0.11	—	459	0.97	0
宁夏	0.45	0.09	81	436	0.85	21
新疆	1.09	0.13	558	829	1.33	176

公交专用道长度（公里）	经营业户数（户）	客运量（亿人次）		运营里程（亿公里）
			BRT客运量（亿人次）	
348.6	133	25.72	2.72	13.69
367.8	115	34.37	0.39	15.34
387.2	187	29.52	0.12	13.94
1238.8	273	65.70	2.28	45.30
237.3	159	13.18	4.35	6.16
25	44	3.42	—	2.72
0	66	26.53	—	8.93
577.4	250	40.42	0.99	15.75
121.7	162	17.64	0.10	5.64
93.4	163	16.74	—	8.48
0	9	0.92	—	0.35
256.5	138	24.04	—	8.99
13.4	87	14.39	0.43	4.05
13.7	36	4.52	—	2.17
74.8	43	4.37	2.79	1.97
190	112	15.54	1.34	6.18

二、城市轨道交通

（一）行业概况

截至 2017 年底，全国共有 34 个城市开通了城市轨道交通运营线路，其中 2017 年有 4 个城市新开通城市轨道交通运营线路，分别是石家庄、厦门、珠海和贵阳。

全国拥有城市轨道交通运营车辆 28707 辆，比 2016 年增加 4916 辆，同比增长 20.7%。

全国拥有城市轨道交通运营线路 153 条，比 2016 年增加 29 条，同比增长 23.4%。运营线路长度 4583.2 公里，比 2016 年增加 855.7 公里，同比增长 23.0%。

全国拥有城市轨道交通车站 3047 个，比 2016 年增加 579 个，同比增长 23.5%。其中，换乘站 272 个，比 2016 年增加 18 个，同比增长 7.1%。

全国拥有城市轨道交通经营业户 49 户。

全年完成城市轨道交通客运量 184.30 亿人次，占城市客运量的 14.5%，比 2016 年增加 22.79 亿人次，同比增长 14.1%。

全年完成城市轨道运营里程 5.13 亿列公里，比 2016 年增加 0.80 亿列公里，同比增长 18.5%。

（二）2010—2017 年全国城市轨道交通基础数据

2010—2017 年全国城市轨道交通基础数据见表 3。

（三）2017 年全国开通城市轨道交通主要统计数据

2017 年全国开通城市轨道交通主要统计数据见表 4。

项　　目	年			
	2010	2011	2012	2013
开通城市数（个）	12	13	15	18
运营车辆数（辆）	8285	9945	12611	14366
折合标台数（标台）	21165	24330	30672	34415
运营线路条数（条）	53	58	69	81
运营线路长度（公里）	1471.3	1698.7	2057.9	2407.9
车站数（个）	977	1147	1375	1549
换乘站数（个）	78	109	116	134
经营业户数（户）	21	21	23	26
从业人员数（万人）	10.15	9.98	11.95	13.92
客运量（亿人次）	55.68	71.34	87.29	109.19
运营里程（亿列公里）	1.39	2.39	2.81	2.74

注：2017 年全国轨道交通从业人员数未统计。

轨道交通基础数据　　　　　　　　　　　　　　表 3

份			
2014	2015	2016	2017
22	26	30	34
17300	19941	23791	28707
41770	48165	57627	73104
92	105	124	153
2816.1	3195.4	3727.5	4583.2
1829	2092	2468	3047
151	180	254	272
31	35	42	49
16.05	18.42	21.49	—
126.66	140.01	161.51	184.30
3.27	3.74	4.33	5.13

2017 年全国开通城市轨道

城市	运营车辆数（辆）						运营线路条数(条)					
		地铁	轻轨	单轨	有轨电车	磁悬浮		地铁	轻轨	单轨	有轨电车	磁悬浮
合计	28707	26710	789	576	546	86	153(↑28)	128(↑25)	6(↓3)	2(↑2)	14(↑4)	3(↑1)
北京	5342	5274	—	—	14	54	22(↑3)	20(↑1)			1(↑1)	1(↑1)
天津	842	666	152	—	24		6	4	1		1	
石家庄*	198	198	—	—	—		2(↑2)	2(↑2)				
沈阳	384	384	—	—	—							
大连	568	288	208	—	72		7	2	3	—	2	
长春	608	132	429	—	47		5(↑1)	1(↑1)	2	—	2	
哈尔滨	108	108	—	—	—		2(↑1)	2(↑1)				
上海	4753	4736	—	—		17	16(↑1)	15(↑1)				1
南京	1517	1442	—	—	75		11(↑4)	9(↑3)	—	—	2(↑1)	
无锡	276	276	—	—	—		2	2				
苏州	682	592	—	—	90		4(↑1)	3(↑1)	—	—	1	
淮安	104	—	—	—	104		1	—	—	—	1	
杭州	726	726	—	—	—		3	3				
宁波	366	366	—	—	—		2	2				
合肥	306	306	—	—	—		2(↑1)	2(↑1)				
福州	168	168	—	—	—		1	1				
厦门*	180	180	—	—	—		1(↑1)	1(↑1)				

交通主要统计数据　　　　　　　　　表4

运营线路长度（公里）						车站数(个)		经营业户数(户)	客运量(万人次)	运营里程（万列公里）
	地铁	轻轨	单轨	有轨电车	磁悬浮		换乘车站数			
4583.2 (↑855.7)	4075.5 (↑805.8)	203.0 (↓95.8)	98.5 (↑98.5)	149.5 (↑38.2)	56.7 (↑9.0)	3047	272	49	1843005.0	51280.1
608.0 (↑34)	590.0 (↑16)	—	—	9.0 (↑9.0)	9.0 (↑9.0)	370	56	4	377801.1	9108.0
175.4	115.2	52.3	—	7.9	—	119	7	2	35155.0	1591.2
28.4 (↑28.4)	28.4 (↑28.4)	—	—	—	—	25	1	1	4036.6	119.6
54.0	54.0	—	—	—	—	43	1	1	30644.7	656.5
181.4 (↑14.5)	54.1 (↑11.8)	103.8 (↑2.7)	—	23.5	—	102	3	2	18186.7	1224.9
82.5 (↑18.3)	18.1 (↑18.1)	46.9	—	17.5 (↑0.2)	—	119	1	1	9585.8	801.1
21.8 (↑4.6)	21.8 (↑4.6)	—	—	—	—	22	1	1	7679.1	201.4
666.4 (↑48.9)	637.3 (↑48.9)	—	—	—	29.1	389	55	6	353769.0	8647.8
364.3 (↑132.5)	347.6 (↑123.6)	—	—	16.7 (↑8.9)	—	190	12	2	97892.3	3010.1
55.0	55.0	—	—	—	—	45	1	1	9233.6	523.5
138.5 (↑52.4)	120.3 (↑52.4)	—	—	18.2	—	107	5	2	24842.6	1403.7
20.1	—	—	—	20.1	—	23	0	1	813.2	192.0
105.2 (↑23.7)	105.2 (↑23.7)	—	—	—	—	72	5	2	33985.9	1178.0
74.5	74.5	—	—	—	—	51	11	1	11233.4	810.1
52.3 (↑27.7)	52.3 (↑27.7)	—	—	—	—	47	1	1	4272.0	233.5
24.9 (↑15.7)	24.9 (↑15.7)	—	—	—	—	21	0	1	4853.5	217.0
30.3 (↑30.3)	30.3 (↑30.3)	—	—	—	—	24	0	1	20.4	0.8

城市	运营车辆数（辆）					运营线路条数(条)				
	地铁	轻轨	单轨	有轨电车	磁悬浮	地铁	轻轨	单轨	有轨电车	磁悬浮
南昌	294	294	—	—	—	—	2(↑1)	2(↑1)	—	—	—
青岛	265	258	—	—	7	—	3(↑1)	2(↑1)	—	1	—
郑州	438	438	—	—	—	—	2(↑1)	2(↑1)	—	—	—
武汉	1356	1356	—	—	—	—	7(↑2)	7(↑2)	—	—	—
长沙	345	330	—	—	—	15	3	2	—	—	1
广州	2408	2380	—	—	28	—	14(↑1)	13(↑1)	—	1	—
深圳	2284	2224	—	—	60	—	9(↑1)	8	—	1	—
珠海*	25	—	—	—	25	—	1(↑1)	—	—	1(↑1)	—
东莞	120	120	—	—	—	—	1	1	—	—	—
南宁	120	120	—	—	—	—	1	1	—	—	—
重庆	1176	600	—	576	—	—	7(↑1)	5(↑1)	0(↓3)	2(↑2)	—
成都	1416	1416	—	—	—	—	6(↑2)	6(↑2)	—	—	—
昆明	492	492	—	—	—	—	3(↑2)	3(↑2)	—	—	—
西安	750	750	—	—	—	—	3	3	—	—	—
贵阳*	90	90	—	—	—	—	1(↑1)	1(↑1)	—	—	—

注：（1）上海地铁 11 号线和广佛线两条线路是跨城市运行的城市轨道交通 21 公里线路。根据《城市（县城）客运统计资料》，昆山、佛山广佛线跨越广州市和佛山市，在轨道交通数据不做单独统计。

（2）2011 年，重庆市将城市轨道交通类型上报为单轨。2012—2016 类型上报为地铁和单轨。

（3）由于 2017 年《城市（县城）客运统计资料》中未统计贵阳数据。

（4）*表示 2017 年新开通城市轨道交通运营线路的城市；（↑数字）的数量。

运营线路长度（公里）						车站数(个)		经营业户数（户）	客运量（万人次）	运营里程（万列公里）
	地铁	轻轨	单轨	有轨电车	磁悬浮		换乘车站数			
48.5 (↑19.7)	48.5 (↑19.7)	—	—	—	—	41	0	1	10971.3	383.6
53.6 (↑20.3)	44.8 (↑20.3)	—	—	8.8	—	52	2	2	6649.1	296.4
93.6 (↑47.4)	93.6 (↑47.4)	—	—	—	—	59	1	1	25229.7	855.3
234.3 (↑53.9)	234.3 (↑53.9)	—	—	—	—	167	17	1	92683.2	2511.9
68.8	50.2	—	—	—	18.6	46	2	2	23346.7	710.3
398.3 (↑89.3)	390.6 (↑89.3)	—	—	7.7	—	243	28	1	280561.2	5328.6
297.6 (↑12.6)	285.9 (↑0.9)	—	—	11.7 (↑11.7)	—	187	29	3	165601.9	4107.4
8.4 (↑8.4)	—	—	—	8.4 (↑8.4)	—	19	0	1	103.8	20.5
37.8	37.8	—	—	—	—	15	0	1	3874.0	349.4
32.1	32.1	—	—	—	—	25	0	1	9643.5	319.7
264.1 (↑50.8)	165.6 (↑50.8)	0 (↓98.5)	98.5 (↑98.5)	—	—	153	13	1	74309.5	2451.9
175.1 (↑69.6)	175.1 (↑69.6)	—	—	—	—	138	14	1	53003.9	1939.5
86.2 (↑39.9)	86.2 (↑39.9)	—	—	—	—	57	3	1	12483.1	568.5
89.0	89.0	—	—	—	—	66	3	1	60534.0	1517.8
12.8	12.8	—	—	—	—	10	1	1		5.2

线路，其中上海地铁 11 号线跨越上海佛山市境内有 15 座车站（均为非换乘站）、

两市和江苏省昆山市，在昆山市境内有 3 座车站（均为非换乘站）、6 公里线路；

年重庆市将城市轨道交通类型上报为地铁和轻轨，2017 年重庆市将城市轨道交通

贵阳市数据均来源于贵阳市城市轨道交通有限公司。

表示 2017 年相比 2016 年增加的数量；（↓数字）表示 2017 年相比 2016 年减少

三、巡游出租汽车

（一）行业概况

截至 2017 年底，全国拥有巡游出租汽车 139.58 万辆，比 2016 年减少 0.82 万辆，同比减少 0.6%。其中新能源车辆 2.65 万辆，比 2016 年增加 0.79 万辆，同比增长 42.2%。

全国拥有巡游出租汽车经营业户 13.38 万户，其中个体经营业户 12.52 万户，占比 93.6%。

全年完成巡游出租汽车客运量 365.40 亿人次，占城市客运量的 28.7%，比 2016 年减少 11.95 亿人次，同比减少 3.2%。

全年完成巡游出租汽车运营里程 1590.86 亿公里，比 2016 年增长 38.37 亿公里，同比增长 2.5%，里程利用率 66.0%，次均载客人数 1.89 人。

（二）2010—2017 年全国巡游出租汽车基础数据

2010—2017 年全国巡游出租汽车基础数据见表 5。

（三）2017 年全国各省（自治区、直辖市）巡游出租汽车主要统计数据

2017 年全国各省（自治区、直辖市）巡游出租汽车主要统计数据见表 6。

项 目	年		
	2010	2011	2012
营运车辆数（万辆）	122.57	126.38	129.97
新能源车辆数（万辆）	0.01	0.04	0.14
经营业户数（万户）	13.58	13.45	13.98
个体经营户数（万户）	12.70	12.63	13.14
从业人员数（万人）	235.67	240.42	250.68
客运量（亿人次）	346.28	376.71	390.03
运营里程（亿公里）	1488.85	1519.69	1566.28

注：2017 年全国巡游出租汽车从业人员数未统计。

出租汽车基础数据　　　　表5

2013	2014	2015	2016	2017
134.00	137.01	139.25	140.40	139.58
0.18	0.40	0.69	1.86	2.65
13.83	13.47	13.22	13.36	13.38
12.99	12.63	12.37	12.51	12.52
260.89	261.81	262.63	267.75	—
401.94	406.06	396.74	377.35	365.40
1593.21	1618.11	1602.42	1552.50	1590.86

2017 年全国各省（自治区、直辖市）巡游出租汽车主要统计数据　　表 6

地区	营运车辆数（万辆）	新能源车辆数（辆）	总经营业户数（户）	个体经营业户数（户）	客运量（亿人次）	运营里程（亿公里）
合计	139.58	26470	133764	125207	365.40	1590.86
北京	6.85	1000	1384	1157	3.94	45.71
天津	3.19	1	6074	6014	3.65	32.79
河北	7.29	234	398	—	17.37	133.30
山西	4.29	9266	269	—	10.03	38.65
内蒙古	6.78	—	22349	22107	16.11	65.09
辽宁	9.33	51	15993	15381	26.85	117.48
吉林	7.11	—	34802	34547	18.93	75.96
黑龙江	10.44	—	18713	18295	32.18	93.52
上海	4.64	7	3068	2943	7.59	56.58
江苏	6.00	738	6161	5797	13.51	66.31
浙江	4.44	828	1872	1476	10.81	54.33
安徽	5.58	501	695	427	17.43	64.88
福建	2.42	850	193	—	6.98	28.89
江西	1.84	2	692	511	6.12	20.54
山东	7.21	28	2178	1674	12.96	77.37
河南	6.22	131	2838	2377	14.73	75.80
湖北	4.26	1000	1678	1373	14.37	61.00

地区	营运车辆数（万辆）	新能源车辆数（辆）	总经营业户数（户）	个体经营业户数（户）	客运量（亿人次）	运营里程（亿公里）
湖南	3.54	200	284	—	15.95	46.39
广东	6.85	9032	405	9	15.30	82.32
广西	2.17	240	212	23	3.62	18.47
海南	0.76	371	73	—	1.89	10.21
重庆	2.39	—	1107	944	10.92	38.26
四川	4.17	250	1386	866	17.30	59.25
贵州	3.13	60	2295	1963	14.01	31.38
云南	2.95	51	2540	2262	8.10	21.74
西藏	0.26		23		1.49	5.14
陕西	3.60	482	342	—	12.29	46.40
甘肃	3.71	1037	248		8.80	35.27
青海	1.32	—	131	72	3.03	12.70
宁夏	1.61	50	86	—	4.07	15.78
新疆	5.22	60	5275	4989	15.09	59.38

四、汽车租赁

（一）行业概况

截至 2017 年底，我国纳入统计的汽车租赁车辆 20.15 万辆，比 2016 年增长 0.46 万辆，同比增长 2.3%，其中 9 座及以下客车 19.66 万辆，比 2016 年增长 0.46 万辆，同比增长 2.4%。

我国纳入统计的汽车租赁经营业户 6664 户，比 2016 年增长 363 户，同比增长 5.8%，从业人员 6.90 万人，比 2016 年增长 0.34 万人，同比增长 5.2%。

（二）2013—2017 年全国汽车租赁基础数据

2013—2017 年全国汽车租赁基础数据见表7。

（三）2017 年全国各省（自治区、直辖市）汽车租赁主要统计数据

2017 年全国各省（自治区、直辖市）汽车

租赁主要统计数据见表 8。

2013—2017 年全国汽车租赁基础数据 表 7

项　　目	年　份				
	2013	2014	2015	2016	2017
租赁车辆数（万辆）	8.84	10.19	15.20	19.69	20.15
9座及以下客车（万辆）	8.18	9.54	14.77	19.20	19.66
经营业户数（户）	3999	4138	5463	6301	6664
从业人员数（万人）	3.44	4.33	5.56	6.57	6.90

2017 年全国各省（自治区、直辖市）汽车租赁主要统计数据 表 8

地区	租赁车辆数（辆）	9座及以下客车（辆）	总经营业户数（户）	个体经营业户数（户）
合计	201507	196589	6664	69032
北京	60300	60300	628	7304
天津	—	—	—	—
河北	—	—	—	—
山西	3193	3173	142	1257
内蒙古	—	—	—	—
辽宁	8436	8324	351	4530
吉林	—	—	—	—
黑龙江	15	15	1	5
上海	33099	31603	214	18194
江苏	10156	9113	466	2127
浙江	49596	48842	1494	10865
安徽	484	484	73	378
福建	7850	7850	169	947
江西	498	482	44	223
山东	245	238	24	158
河南	—	—	—	—
湖北	1599	1599	192	1553

地区	租赁车辆数（辆）	9座及以下客车（辆）	总经营业户数（户）	个体经营业户数（户）
湖南	250	200	5	502
广东	4792	4665	141	7143
广西	—	—	—	—
海南	768	768	73	891
重庆	9472	8968	385	3673
四川	2954	2452	201	1569
贵州	—	—	—	—
云南	6345	6117	1286	3754
西藏	223	211	17	105
陕西	189	174	575	3086
甘肃	796	794	124	499
青海	—	—	—	—
宁夏	247	227	59	269
新疆	—	—	—	—